Couvertures supérieure et Inférieure
manquantes

COMMENT
l'Afrique Septentrionale
A ÉTÉ ARABISÉE.

EXTRAIT RÉSUMÉ

DE

L'HISTOIRE DE L'ÉTABLISSEMENT DES ARABES
DANS L'AFRIQUE SEPTENTRIONALE

PAR

E. MERCIER
INTERPRÈTE TRADUCTEUR ASSERMENTÉ
A CONSTANTINE.

CONSTANTINE
IMPRIMERIE L. MARLE, RUE D'AUMALE, 2

1874

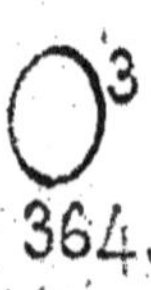

COMMENT

L'AFRIQUE SEPTENTRIONALE

A ÉTÉ ARABISÉE (*).

Sur toute la zône littorale de l'Afrique du nord, depuis la Mer-Rouge jusqu'à l'Atlantique, se trouve répandue, en diverses proportions selon les localités, une race d'origine arabique, mélangée assez intimement à l'élément indigène pour que le pays ait pris une physionomie générale arabe. Mais cet aspect n'est que superficiel, et, dès que l'observateur quitte les plaines ouvertes du Tel, il retrouve la vieille race autochthone, avec son type, sa langue et ses mœurs propres. Sur les rives du Nil et sur celles du Sénégal, dans les montagnes de la Kabylie et au milieu du Désert; sur les sommets de l'Aurès et dans les vallées des Beni-Snous; au midi de Tripoli et sur tout le ré-

(*) Ce mémoire a été écrit pour les lectures publiques de la Sorbonne (1873).

seau de l'Atlas marocain, partout, on rencontre le peuple aborigène de la Berbérie. La race arabe y est en minorité, et la prépondérance qu'elle y a acquise aurait lieu de surprendre si l'histoire des invasions ne nous offrait plus d'un exemple semblable.

L'époque de l'arrivée et les phases de l'établissement des Arabes en Afrique ont été, jusqu'à présent, mal connues des historiens européens. En effet, c'est à l'invasion arabe du VII° siècle, qui, de fait, n'a été qu'une conquête lointaine, que l'on a attribué les effets d'un événement historique beaucoup plus récent : *l'immigration hilalienne*. Ainsi, le peuple berbère, nombreux et puissant à la chute de la domination by·zantine, s'est trouvé, pour nous, transformé subitement en peuple arabe, et déchu du grand rôle qu'il a joué pendant le Moyen-Age. Hâtons-nous de dire qu'il était difficile, sinon impossible, d'apprécier sainement cette question avant la correction des textes et la traduction des ouvrages des anciens auteurs arabes et notamment celles de l'*Histoire des Berbères*, d'Ibn Khaldoun, faites dans ces dernières années par M. de Slane.

C'est dans ces textes et avec l'appoint de nos re·cherches locales que nous avons puisé les matériaux d'une *Histoire de l'établissement des Arabes dans l'Afrique septentrionale*, dont nous allons essayer de donner un aperçu. Les strictes limites imposées (1) nous dispenseront d'entrer dans des détails et de four·nir des justifications pour lesquels nous renvoyons à notre ouvrage.

---

(1) La lecture de chaque mémoire ne pouvait prendre plus d'une demi-heure.

I.

La conquête de l'Afrique septentrionale par les Arabes, achevée dans les premières années du VIIIe siècle et suivie aussitôt de l'envahissement de l'Espagne, donna au khalifat ce vaste territoire que les Orientaux désignèrent sous le nom de Mag'reb (Occident). Cette conquête s'était effectuée par expéditions successives dont les premières semblent n'avoir eu pour mobile que l'espoir du butin : après la victoire, les guerriers de l'Islam rentraient, chargés de dépouilles, en Orient, et, de là, allaient guerroyer dans d'autres directions. Plus tard, les campagnes en Afrique s'accentuèrent dans un but de conquête ; on exigea d'abord, la soumission des vaincus ; puis, on leur imposa la conversion. La ville de Kaïrouane, fondée par Okba, devint le chef-lieu des nouvelles provinces et la résidence du gouverneur arabe chargé de les administrer, avec l'appui de troupes d'Orient. Après un demi-siècle de luttes contre les révoltes des indigènes la soumission de la Berbérie au khalifat fut assurée et la religion nouvelle se trouva acceptée de tous ; mais il ne s'introduisit pas, dans le pays, de population coloniale arabe, et la domination fut toute militaire. Les conquérants entraînèrent, alors, à leur suite, l'élément actif berbère à la curée des riches provinces espagnoles et surent tirer un merveilleux parti du peuple vaincu, tout en assurant la tranquillité de l'Afrique.

Cependant, lorsqu'il n'y eut plus rien à piller en Espagne ; lorsque les nations chrétiennes, revenues de leur stupeur, eurent organisé la résistance ; lorsque, enfin, les nouveaux arrivés ne trouvèrent plus les mêmes facilités pour s'établir parce que les places étaient prises, l'émigration d'Afrique se ralentit, et l'esprit d'indépendance se réveilla chez les Berbères. Le schisme kharedjite dans lequel ils s'étaient tous jetés, servit de prétexte à une levée de boucliers qui prit naissance dans l'extrême Mag'reb (Maroc actuel) et s'étendit bientôt à toute l'Afrique septentrionale.

A partir de ce moment, le rôle des gouverneurs arabes représentants du khalifat à Kaïrouane devint précaire. Contraints de tirer leurs troupes d'Orient, ils se trouvèrent isolés au milieu des indigènes, contre lesquels il leur fallut combattre à outrance. La guerre entre les armées arabes et les Berbères kharedjites ensanglanta de nouveau l'Afrique et eut pour effet d'arrêter brusquement l'émigration des Maures en Europe. Ce fut le salut de la Chrétienté, que l'effort héroïque de Poitiers n'eût pas préservée pour long-temps, si le courant qui alimentait l'invasion musul-mane ne se fût tari.

Sur ces entrefaites, la dynastie oméïade ayant été renversée, en Orient, par celle des Abbacides, un membre de la famille déchue se réfugia en Espagne, pays qui se trouvait, alors, complétement livré à lui-même, et y fonda une royauté indépendante (755). La perte de l'Espagne fut, pour le khalifat, le commen-cement du démembrement de ses possessions dans le Mag'reb.

Durant de longues années, les Berbères d'Afrique firent éprouver de rudes échecs aux milices syriennes envoyées d'Orient pour les réduire. Plusieurs fois même ils s'emparèrent de Kaïrouane et ne laissèrent échapper que par le fait de leurs dissensions intestines l'indépendance un moment reconquise.

Enfin, vers l'an 800, un excellent général arabe, nommé Ibrahim ben Abou l'Ar'leb, parvint à rétablir la paix dans l'Ifrikia (partie orientale de l'Afrique du

Nord). Désigné comme gouverneur par Haroun-er-Rachid, il obtint de ce prince les prérogatives d'une vice-royauté héréditaire, sous la suzeraineté directe du khalifat.

Mais, si cette habile mesure devait retarder d'un siècle la chute de l'autorité arabe en Afrique, elle consacrait la perte de tout le Mag'reb extrême, qui, au profit des guerres des kharedjites, avait reconquis son autonomie. Un Arabe de la descendance d'Ali, nommé Edris, après avoir échappé au désastre de Fekh, où sa famille et ses partisans avaient été écrasés par les Abbacides, se réfugia en Mag'reb. Bien accueilli par les Berbères de cette contrée, qui l'avaient reconnu comme chef, il avait fondé, en 789, à Oulili (non loin de l'emplacement de Fès) l'empire édricide. Plusieurs autres principautés indépendantes s'étaient établies dans le Mag'reb central et dans le Sahara.

Il ne restait donc, en Afrique, aux khalifes d'Orient représentés par les vices-rois ar'lebites, que l'Ifrikia, c'est-à-dire la Tripolitaine, la Tunisie et la province de Constantine.

Pendant près d'un siècle, la dynastie arlebite régna à Kaïrouane avec un certain éclat. Renonçant à toute action sur le Mag'reb, les princes de cette famille reportèrent leur activité contre les îles de la Méditerranée et soumirent à leur puissance la Sicile et Malte, et, sur le continent, la Calabre et les côtes de la Campanie.

Mais, tandis que le nom arabe jetait ainsi un dernier reflet de gloire en Occident, un nouvel élément de trouble s'introduisait en Afrique, et il allait en résulter de profondes secousses. Des émissaires de la secte chiaïte (fâtemide), arrivés d'Orient, trouvaient un refuge chez les Berbères de la tribu de Ketama, habitant les montagnes situées entre Constantine et Bougie et faisaient adopter promptement leur doctrine par ces indigènes. Vers 893, tandis que l'ar'lebite Ibrahim régnait en despote à Kaïrouane, la tribu de Ketama prenait les armes à la voix d'un certain Abou Abd Allah, représentant du chef de la secte, le Mehdi Obéïd Allah. En peu d'années, grâce à l'habileté de ce lieutenant et à l'enthousiasme patriotique des Berbères, les gouverneurs ar'lebites se trouvèrent réduits à la dernière extrémité, et, enfin, au mois d'avril 909, les Chiaïtes firent leur entrée à Kaïrouane, tandis que Ziadet Allah, dernier vice-roi arlebite, prenait la fuite vers l'Orient.

Dès lors, le khalifat ne conserva plus la moindre autorité sur la Berbérie, et l'on peut dire que, de la domination arabe en Afrique, il ne resta que la religion qu'elle y avait implantée et la langue du Coran, parlée par élégance à la cour des princes indigènes et dans les écoles du Mag'reb et de l'Espagne. Le pays reprit entièrement son autonomie, car l'empire obéïdite (ou fâtemide), qui remplaça à Kaïrouane la vice-royauté des Ar'lebites, bien qu'ayant à sa tête une famille arabe, ne s'appuya uniquement que sur l'élément indigène; c'est ce qui déjà avait lieu au Mag'reb pour les Edricides et en Espagne pour les Oméïades.

Bientôt, du reste, la famille obéïdite, qui ne songeait qu'à s'emparer du trône du khalifat, sur lequel elle prétendait avoir des droits c   .e descendante de Mahomet, tourna tous ses regards vers l'Orient. De grandes révoltes des Berbères retardèrent la réalisation de ses plans. Mais, sous le règne de l'obéïdite El Moaz, la pacification de l'Ifrikia ayant été obtenue, ce prince fit la conquête de l'Egypte, renversa le trône des Ikhchidites, et, en 973, transporta au Caire le siége du gouvernement fâtemide.

Un chef berbère de la tribu des Sanhâdja, Bologguine, de la famille Ziride, reçut le titre de gouverneur de l'Afrique pour le compte des Fâtemides, et établit sa résidence à Kaïrouane. Vers la même époque, la dynastie édricide achevait de s'éteindre dans le Mag'reb, et celle des Oméïades d'Espagne penchait vers son déclin. La race berbère, rendue à elle-même, se déchirait dans des luttes intestines et incessantes ; les vieilles tribus indigènes y consumaient leurs forces ; mais une nouvelle génération africaine, arrivant du Sud, en profitait pour s'avancer insensiblement vers le Tel et se préparer à saisir le pouvoir : c'est par elle que l'unité berbère allait se rétablir.

Cependant, les bonnes relations entre les souverains fâtemides et leurs représentants de Kaïrouane n'avaient pas tardé à se troubler et à devenir des plus difficiles. Les princes zirides avaient déjà l'indépendance de fait ; ils la proclamèrent en répudiant solennellement la suzeraineté des khalifes du Caire.

Cette déclaration d'indépendance eut lieu vers 1048. L'Afrique se trouvait alors en proie à une anarchie générale ; la famille ziride s'était fractionnée : un groupe, avec El Moaz pour chef, continuait de résider à Kaïrouane, mais ce prince avait perdu toute autorité sur l'Ifrikïa ; l'autre groupe ziride avait fondé la dynastie des Beni-Hammad, à la Kalâa, au nord de Mecila. Tout le reste de l'Afrique était en butte aux rivalités des partis. L'Espagne musulmane ne se trouvait pas dans une situation meilleure ; le trône oméïade s'était écroulé et tous les gouverneurs de province luttaient pour s'arracher le pouvoir.

Tel était l'état du pays vers le milieu du XIe siècle.

II.

Le khalife fâtemide du Caire, dans l'impossibilité de tirer une vengeance directe de la rébellion de son représentant de Kaïrouane, lança contre l'Afrique les tribus arabes de *Hilal* et de *Soleïm*. « Je vous fais « cadeau du Mag'reb — leur dit-il — et du royaume « d'El Moâz le Sanhadjien, esclave qui s'est soustrait « à l'autorité de son maître..... »

Ces tribus étaient originaires de la province de Nedj, en Arabie, où elles s'étaient établies dans le courant du VIIIe siècle. Pendant longtemps, elles avaient parcouru, en nomades, ces solitudes, vivant autant du brigandage que du produit de leurs troupeaux. Lors de la sanglante révolte des Karmate, dans le Xe siècle, les tribus de Hilal et de Soleïm prirent part à tous les excès de cette secte dévastatrice, puis l'aidèrent à défendre la Syrie contre les Fâtemides. Aussi, dès que le khalife El Aziz eut achevé d'effectuer cette conquête, au prix des plus grands efforts, jugea-t-il nécessaire d'éloigner les nomades indisciplinés qui lui avaient suscité tant d'embarras. Par l'ordre de ce prince, ils furent, vers le commencement du XIe siècle, transportés dans le Saïd, ou Haute-Egypte, et cantonnés sur la rive droite du Nil. Mais, bientôt, des inconvénients sans nombre résultèrent de la concentration de ces Arabes sur un territoire trop restreint.

La situation était devenue intolérable, lorsque la révolte d'El Moâz se produisit. Le khalife fâtemide trouva alors le moyen de susciter au rebelle de graves difficultés et de se débarrasser des Arabes, en les lançant sur la Berbérie.

La tribu de Hilal formait cinq divisions principales :
Athbedj;
Djochem ;
Riah';
Zor'ba ;
Makil.

Celle de Soleïm formait de nombreuses subdivisions (1).

Il est impossible d'évaluer, d'une façon précise, le chiffre de la population qui passa alors en Afrique ; mais diverses raisons déduites dans l'ouvrage nous font croire qu'il n'y a pas lieu de l'estimer à plus de deux cent ou deux cent cinquante mille personnes.

Du premier bond, les Arabes hilaliens envahirent la Tripolitaine ; puis, les tribus de *Riah'* et *Djochem* pénétrèrent dans la Tunisie, que le ziride El Moâz leur ouvrit dans le fol espoir de se servir d'elles pour vaincre son cousin le Hammadite de la Kalâa. Pendant que ces Arabes livraient au pillage les plaines de la Tunisie, le reste des Hilaliens continuait sa route vers l'ouest, par le Djerid et le Souf. Quelques groupes pénétrèrent dans la province de Constantine par les défilés des montagnes. Quant à la tribu de Soleïm, qui sans doute, était la dernière dans l'ordre de marche, elle occupa la Tripolitaine.

Du Souf, le flot des Hilaliens devenant de moins en moins compacte, entra dans le Zab et le Hodna et vint mourir à l'extrémité occidentale de cette plaine. Ce fut la première phase de l'immigration, car à ce moment, c'est-à-dire vers le premier tiers du XIIᵉ siècle, chacun avait trouvé sa place.

Les *Soleïm*, avons-nous dit, occupaient la Tripolitaine ;

(1) Voir, dans notre ouvrage, les fractions de ces tribus.

Les *Riah'* et *Djochem* s'étaient établis dans les plaines de la Tunisie ;

Les *Athbedj* entouraient, au sud, la province de Constantine ; une de leurs fractions, celle des *Aïadh*, avait pénétré dans les montagnes au nord-est de Mecila ;

Les *Zor'ba* parcouraient, en nomades, le Zab occidental et le Hodna ;

Les *Makil*, avec les *Amour* (des *Athbedj*), commençaient à entrer dans les hauts-plateaux du Mag'reb central.

Les tribus berbères avaient bien lutté isolément pour défendre leurs territoires contre les envahisseurs ; mais, réduites à leurs propres forces, trahies souvent par leurs rivales, elles avaient dû céder pied à pied ou s'ouvrir devant l'étranger. Les souverains indigènes n'avaient pas tenté d'efforts sérieux contre l'invasion ; plusieurs même n'avaient vu dans les Hilaliens que d'utiles auxiliaires pour leurs guerres personnelles, et quand, revenus de leur erreur, ils avaient essayé de repousser l'étranger, le sort des armes leur avait été contraire. Ils avaient, alors, renoncé à la lutte ; peu leur importait, en effet, que les contrées du sud, les hauts-plateaux arides, fussent occupés par les nomades arabes ou par les nomades berbères.

La fondation du puissant empire almoravide, en Mag'reb, par les Sanhâdja du Désert, en commençant de rétablir l'unité chez le peuple berbère, absorbait, alors, toute son attention. Cette révolution politique et religieuse fut complétée par l'Africain Abd-el-Moumene, qui, après avoir renversé la dynastie almoravide, sut réunir sous son autorité toute l'Afrique septentrionale et l'Espagne musulmane. Ainsi, en 1147, l'empire des Masmouda, montagnards du Grand-Atlas, succéda, sous le nom d'Almohâde, à celui des nomades sahariens (Almoravides).

Pendant que ces révolutions occupaient le peuple berbère, les Arabes Hilaliens, dont les conditions d'existence étaient devenues bien meilleures dans leur nouvelle patrie, se multipliaient rapidement et continuaient, sans bruit et insensiblement, leur mouvement d'expansion vers l'ouest. Mais, partout ils se trouvaient à l'étroit : il fallait un écoulement à leur trop plein, un aliment à leur exubérance d'activité. La révolte des Ben-R'anïa, princes berbères de la famille almoravide, en fournit l'occasion et les moyens. Pendant près de cinquante ans, les deux Ben R'anïa tinrent la campagne contre les Almohâdes, et, soutenus par les Arabes, répandirent la dévastation dans le Mag'reb central et l'Ifrikïa. De leur quartier général, situé dans les contrées sahariennes de la Tripolitaine, ces infatigables aventuriers poussaient des pointes hardies sur le Tel : Tunis, Bougie, Alger, Tripoli, etc., tombèrent successivement en leur pouvoir et eurent à supporter leur tyrannie et les excès des Hilaliens.

Cette révolte, dont les souverains almohâdes finirent par triompher, porta un coup mortel à leur empire en nécessitant, à Tunis, la création d'une vice-royauté qui ne tarda pas à se déclarer indépendante ; elle eut, en outre, pour résultat d'ouvrir partout le Tel aux Hilaliens. En 1188, le khalife almohâde El Mansour, à la suite d'une victoire remportée sur Ibn R'anïa, voulut punir les Arabes de la Tunisie qui avaient soutenu l'aventurier et les mettre dans l'impuissance de nuire de nouveau. A cet effet, il fit transporter trois tribus, les *Acem* et *Mokaddem* des *Djochem,* et une grande partie *Riah',* dans les plaines de Tamesna et d'Azr'ar, sur le versant océanien du Mag'reb (Maroc) et les établit au milieu de populations berbères qui, sans ce fait, seraient sans doute restées jusqu'à aujourd'hui pures de tout mélange arabe. Des fractions de la tribu de Soléïm remplacèrent ces Hilaliens en Tunisie. Les souverains almohàdes employèrent aussi un grand nombre d'Arabes à la guerre d'Espagne contre les chrétiens, qui avaient repris une vigoureuse offensive et remporté de grands succès.

L'empire almohàde, réduit par la séparation hafside et déchiré par les factions, s'affaiblit promptement ; en 1266, il s'écroula sous les coups d'une autre tribu indigène, celle des Beni-Merine. Trois dynasties se partagèrent alors la suprématie de l'Afrique : les Almohàdes hafsides régnèrent à Tunis ; les Abd-el-Ouadites ou Zeyanites, à Tlemcen, et les Merinides, à Fès. Ces deux derniers empires avaient été fondés par des tribus berbères-zenètes (Beni-Merine et Abd-el-Ouad) qui autrefois habitaient en nomades les hauts-plateaux et avaient pénétré dans le Tel en profitant de l'affaiblissement des vieilles tribus indigènes, pendant les guerres que les Almoravides et les Almohàdes avaient eu à soutenir. Les Arabes hilaliens qui avaient contribué à leur refoulement prirent, dans les hauts-plateaux, les places laissées par les Zenètes, et il se trouva qu'ils garnissaient toute la ligne des contrées méridionales, prêts à s'élancer dans le Tel à la première occasion.

Les luttes incessantes qui divisèrent les Hafsides, les Zeyanites et les Merinides ne tardèrent pas à leur fournir cette occasion. Offrant, tour à tour, leurs bras aux souverains berbères ou à leurs compétiteurs, les Arabes se firent donner, en récompense, des fiefs dans le Tel. Les princes indigènes s'entourèrent de ces auxiliaires étrangers, dont la fidélité leur semblait garantie par l'intérêt qu'ils avaient de conserver leurs territoires. Mais, une fois entrés dans cette voie, il leur fut bientôt difficile de contenter l'avidité des Hilaliens dont chaque service devait se payer par la concession de nouveaux fiefs, au détriment de la race berbère. Si, alors, la récompense tardait, les Arabes trouvaient sans peine quelque prétendant qui, avec leur appui, s'emparait du pouvoir, régnait par leur bon plaisir et n'avait rien à leur refuser.

Les souverains hafsides abandonnèrent ainsi toute la Tunisie aux SOLÉÏM.

Les plaines de la province de Constantine furent envahies par les *Dréid, Dahhak, Aïadh, Kerfa*, etc., fractions des ATHBEDJ.

Le Hod'na fut occupé par les *Daouaouïda* (des RIAH');

Les fractions de la tribu de *Yezid* (ZOR'BA) : *Saad, Khachna, Beni-Moussa, Djouab*, etc., reçurent en fief les plaines de Hamza et s'étendirent dans les montagnes environnantes.

Celles de la tribu de *Hocéine* (ZOR'BA) : *Djendel, Kharrach*, etc., s'établirent aux environs du Titeri (près de Médéa).

Les *Thaaleba* (des MAKIL), après avoir occupé les environs de Médéa, pénétrèrent dans la Mitidja.

D'autres fractions de la tribu de ZOR'BA, telles que les *Attaf, Malek* et *Souéid*, cette dernière formant : les *Chebaba, Hasasna, Flitta, Sbéih', Habra, Medjaher*, etc., prirent possession de la vallée du Chélif et de ses environs.

Le reste des ZOR'BA, c'est-à-dire la fraction de *Oroua*, formant les *Obéid-Allah, Naïl, Cherifa, Sahari, Oulad-Slimane*, etc.; celle des *Dialem*, formant les *Benibou-Ziad, Akkerma*, etc., et celle des *Amer*, s'étendirent dans les hauts-plateaux qui environnent le Djebel-Amour.

A Tlemcen, les Abd-el-Ouadites s'entourèrent complètement d'Arabes. Yar'moracène ben Zeyane, fondateur de cette dynastie, était allé chercher aux environs du Hod'na les *Hameyane*, des ZOR'BA, et les *Mehaia* et *Amer*, des ATHBEDJ, et les avait établis au midi de sa capitale (1283). Ses successeurs concédèrent aux *Souéid* et aux *Amer* toutes les plaines de la province d'Oran, et, à la fraction makilienne des *Doui-Obéid-Allah*, formant les *Djaouna, R'ocel, Melarfa,* etc., la campagne au nord et à l'ouest de Tlemcen.

Les autres fractions des MAKIL, telles que les *Doui-Mansour, Beni-Mokhtar, Hedadj*, pénétrèrent dans la vallée de la Moulouïa, ou bien — et ce fut le plus grand nombre — contournèrent le Grand-Atlas et occupèrent la région méridionale du Maroc, jusqu'à l'Atlantique.

Ce fut ainsi que toutes les plaines passèrent successivement aux mains des étrangers, tandis que les aborigènes se retranchaient dans les montagnes escarpées ou dans les cantons retirés du littoral.

Ce mouvement fut achevé vers la fin du XIV° siècle, et, dès lors, l'unité du peuple berbère se trouva rompue; le mélange intime qui se fit entre la race indigène et l'élément étranger, en donnant la prédominance à celui-ci, acheva l'œuvre de dénationalisation de la Berbérie. Les aborigènes, repoussés par leurs princes qui s'accordaient mieux de la servilité des Arabes, formèrent, par-ci par-là, des groupes indépendants, des confédérations comme ce que nous appelons la Grande-Kabilie, où les traditions du peuple autochthone se sont conservées.

L'établissement de la domination turque ne modifia en rien ces conditions. La seule politique des Ottomans consista à s'appuyer sur l'antagonisme des populations en les opposant les unes aux autres; ils contribuèrent ainsi à éteindre dans le pays tout sentiment national, et c'est par ce moyen qu'ils purent, avec des forces très-minimes, le maintenir sous leur joug.

Les populations de race berbère qui se trouvaient

en contact avec des groupes arabes, subirent promptement leur influence, se mélangèrent à eux, et finirent par oublier, sinon renier leur origine. C'est ce
qui est déjà constaté, d'une façon très-caractéristique,
par Ibn Kbaldoun, qui écrivait vers 1390. « Il se
« trouve des Houara — dit cet auteur (t. I, p. 278) —
« sur les plateaux, depuis Tebessa jusqu'à Badja. Ils
« vivent en nomades et sont comptés au nombre des
« Arabes pasteurs de la tribu de Soléim, auxquels, du
« reste, ils se sont assimilés par le langage et l'habil-
« lement, ainsi que par l'habitude de vivre sous la
« tente. Comme eux, ils se servent de chevaux pour
« montures, ils élèvent des chameaux, ils se livrent à
« la guerre, et ils font la station du Tel dans l'été et
« celle du Désert dans l'hiver. *Ils ont oublié leur dia-
« lecte berbère pour apprendre la langue plus élégante
« des Arabes et à peine comprennent-ils une parole
« de leur ancien langage.* »

Cette peuplade berbère ainsi arabisée a formé la
grande tribu qui s'appelle maintenant les *Hanencha*;
car il arriva ceci, qu'en changeant de nationalité, les
vieilles tribus prirent d'autres noms. De nouvelles ag-
glomérations se formèrent d'épaves des anciennes
tribus indigènes et de groupes arabes qui se réunirent
autour de *marabouts* venus généralement du Maroc
et dont elles prirent les noms. C'est ce qui explique
que lorsque l'on questionne en Algérie les indigènes
arabes ou arabisés sur leur origine, on obtient très-
souvent cette réponse : « Nous descendons de Sidi....,
« marabout originaire de l'Ouest. » Ces gens n'ont,
du reste, aucune notion de leur histoire et se con-
tentent, à cet égard, de répéter des traditions où la
fausseté le dispute à l'absurde.

Comme conclusion à ce qui précède, résumons les faits dans l'ordre chronologique suivant :

1° De 660 à 710, période de conquête du pays par les Arabes ;

2° De 710 à 909, occupation militaire par les Arabes, réduite successivement à la possession de l'Ifrikia et cessant en 909, par l'expulsion des Arlebites, derniers représentants du khalifat ;

3° De 909 à 1048, l'Afrique berbére, rendue à elle-même, obéit à des chefs indigènes sous la suzeraineté des Fâtemides ; en 1048, elle se déclare indépendante ;

Et 4° 1048, immigration hilalienne qui introduit l'élément arabe comme population en Afrique ; ces Arabes, après avoir séjourné dans les hauts-plateaux, s'établissent, peu à peu, dans les plaines du Tel. Vers 1400 ce mouvement est terminé.

Cette rapide esquisse pourra donner — nous l'espérons — une idée générale des conditions dans lesquelles l'Afrique septentriolale a été arabisée.

Nulle part — croyons-nous — la question n'a encore été ainsi envisagée. L'histoire de l'Afrique du nord entre donc dans une nouvelle phase ; les voiles qui nous la dérobaient se déchirent, les erreurs disparaissent et la chaîne rompue des événements se relie.

Quant à nous, si de longues années de recherches nous ont permis d'apporter notre contingent à cette œuvre de réédification, nous en reportons tout le mérite à M. le baron de Slane, qui par ses savants travaux l'a rendue possible.

CONSTANTINE. — IMPRIMERIE L. MARLE.

www.ingramcontent.com/pod-product-compliance
Lightning Source LLC
Chambersburg PA
CBHW061156050726

47594CB00008B/3438